U0938750

當代中華詩詞名家精品集

中华诗词研究院 编

白少帆／卷

中国青年出版社

图书在版编目（CIP）数据

当代中华诗词名家精品集·白少帆卷／白少帆著．
中华诗词研究院编——北京：
中国青年出版社，2014.7
ISBN 978—7—5153—2599—6
Ⅰ．①当… Ⅱ．①白…②中… Ⅲ．
①诗词－作品集—中国—当代 Ⅳ．①I227

中国版本图书馆 CIP 数据核字(2014) 第 176801 号

责任编辑：彭明榜
丛书题签：霍松林
书籍设计：孙初＋林业

中国青年出版社出版发行
社址：北京东四 12 条 21 号
邮政编码：100708
网址：www.cyp.com.cn
编辑部电话：(010) 57350506
门市部电话：（010）57350370
北京科信印刷有限公司印刷　　新华书店经销

700mm×1000mm　1/16　4.75 印张　40 千字
2015 年 1 月北京第 1 版　2015 年 1 月北京第 1 次印刷
定价：20.00 元

《当代中华诗词名家精品集》出版说明

为弘扬中华诗词文化，促进当代中华诗词优秀作品的传播和交流，值此中华诗词研究院成立三周年之际，特编辑、出版《当代中华诗词名家精品集》丛书，以期为广大读者提供优秀的当代诗词读本。

《当代中华诗词名家精品集》的作者为中华诗词研究院顾问，他们是当代诗词名家、大家。每卷收录作者自选代表性作品一百首以内，注重艺术性、当代性，且能反映诗人的艺术风格和创作面貌。经过近一年的约稿、审订、编校等紧张工作，《当代中华诗词名家精品集》（第一辑）共出版十卷，收入饶宗颐、霍松林、叶嘉莹、刘征、程毅中、梁东、周笃文、杨天石、白少帆、赵仁珪十家。

我们期冀通过《当代中华诗词名家精品集》的出版，为读者提供一份精美的精神食粮，发挥诗词名家对当代诗词创作与研究的引领作用，展现中华诗词的当代魅力。

中华诗词研究院

二零一四年七月

目录

新安江上

东去严州水未赊，
黟山鬓影掠茗华。
情天假我从前月，
再过秋砧浣女家。

黄山峰壑

风入松关梵呗遐，
潮兴海韵和袈裟。
天都别诣光明顶，
始信莲花不自涯。

古徽竹枝词

一

粉墙黛瓦竹交加，
装点江干写物华。
早集初窥髦豆腐，
新杯未识敬亭茶。

二

恩荣匾碧顶珊夸，
逐势当年趣利家。
后嗣前堂辞旧砚，
非惟翰墨致槐衙。

闽南冬日即事

泉郡红英岁末遒，
刺桐多在海东州。
但期寒艳争春处，
峡岸黄鹂互唱酬。

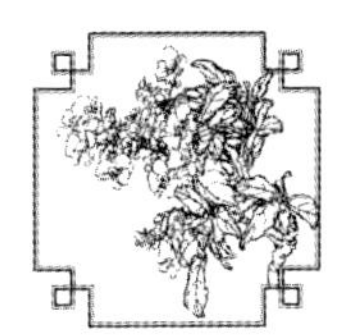

闽南春日即事

双髻山风并雨悠，
春罗换酒洛桥头。
归来燕子曾相诺，
为报潮平始满瓯。

西岸元夜怀台北

风情未减岁华迁，
寄谊东南半客缘。
闽海流霞徂蜃梦，
温陵时雨过红棉。
依迟晓镜簪花靥，
淡荡春灯绾髻肩。
准拟夜阑潮有信，
鲲洋月泊稻江天。

广陵三帖

一

千载孤篇咏夜柔，
青枫浦上梦同舟。
诗人乘月长安去，
忘却东还水国楼。

二

淮海歌寒尚驿游，
一春消息黯瓜洲。
新词已度潇湘近，
山抹微云敛黛愁。

三

风渐隋堤絮渐投，
满墙筠影怅吴钩。
板桥不向天涯老，
知有相逢十里畴。

维扬吟页后记

江左烟霞幻海桑，

淮南辞藻绝高唐。

二分明月非耶是，

一本琼花鹤故乡。

沈家门港夕眺

花甲东还一系舟，
沈家门外岛山浮。
顾怜今夜西行月，
又吊乡魂第几楼。

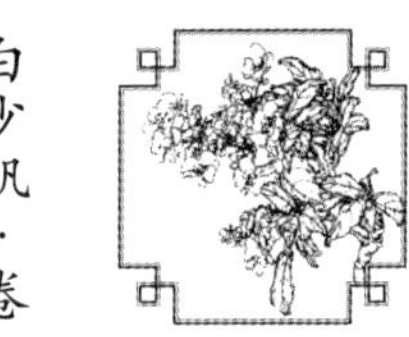

次普陀洛迦山

慈悯功成自在洲，
珠幡香盖偈绸缪。
海天小谛西来意，
半问风澜半问鸥。

南海岸途六十自寿

徐闻行见汉衣冠，
昨别今时合浦滩。
辽鹤兼程情喜怯，
少年同梦事温寒。
苍茫疍泪捐珠匣，
咫尺鲛绡聘蝶团。
极岸秋涛终不悔，
相思旷代独盘桓。

过湘西凤凰沈从文墓

语淡当时墨激扬，
五溪叙事破天荒。
凤兮北地归飞晚，
易代桐花酹早殇。

鹭屿清明

去岸家山路几多，
九原追养俟谁何。
客拈海上燕云句，
幽咽东南半阕过。

“过”字平读

西陆客思

自是金风得擅场，
声闻木叶下严妆。
萧斋起读更天雨，
菱鉴终迎客鬓霜。
明月里门何契阔，
玄潮岛岳几低昂。
久游宜共秋岑寂，
雁去蛩来梦未央。

滇省纪念赵藩大理文会口占

一方邹鲁海山滨，
雪月风花起凤麟。
为继斯文迎盛世，
青藜燃罢更传薪。

巴黎左岸故人入梦（二首）

一

底事春来更远寻，
曾经沧海一亡簪。
信疑青使衔将去，
结尽灯花想到今。

二

燕市楼头取次斟，
西池消息任飞沉。
争如春老风中絮，
离恨翻从倦旅吟。

乙酉三巡左海句奠沈葆桢

台省封疆奏议先，
钦差经略事功全。
舟师去后遗民在，
一水魂销百十年。

悼别馆前辈榕城林锴先生

郁勃春氤对晚晖，
艺文完璧下书帏。
先生或忘东南约，
江海同行径自归。

都门七夕用韵

别浦悲欢付曙茫，
遗民世界任沧桑。
天鞴未了婆娑岸，
幽恨从来缥缈方。
东阁书陈三乙酉，
西楼花卜屡星霜。
其谁曾誓鲲涛句，
退注丘郎内渡章。

丁亥托言短韵成五绝四题

秦淮

弦语相寻久，
舟回曲半阑。
一川灯影是，
系泊总无端。

晓月

素魄天涯役，
还形迹海穹。
差堪珠有泪，
深浅玉溪同。

流音

秋叶吟情切，
更廊踱屧匆。
倚声环佩近，
不误只西风。

西涯

岛岳曾轻别，
孤游届卅霜。
重来潮亦老，
无问下鲲洋。

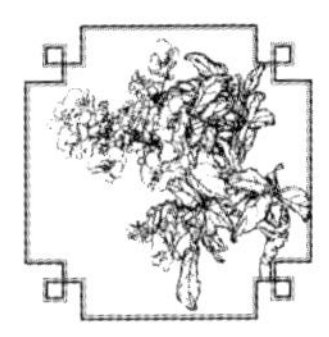

海东故垣花事

已暨春分始展笺，
半程归梦转无眠。
艋川风信更番雨，
开落山茶又杜鹃。

校勘台岛初史有感

海上驱荷开寿域，
肇兴文教酿流霞。
从来物望延平郑，
当识陈公讳永华。

京口之金陵道中漫兴

白下吴姬新压酒，
东行扬子舍舟来。
负他堂燕江天际，
一杼春波自剪裁。

春忆闽岸旧游

乐洋江口籽鱼肥，
梁燕清明总不违。
五里亭南孤馆寄，
醉曾桥北步潮归。

岁朝快雪

飞来群玉影参差，
想见双成袖舞时。
不待东君慵睡起，
风前小伫蓟门枝。

上弦月

夸父西渊逝，
精禽止岸东。
射潮人不寐，
待旦枕天弓。

谁家子

漠北谁家子，
流连水月乡。
秋高思牧野，
玉斧划他疆。

后跋定庵己亥杂诗

句曼齐喑世，

条陈板荡年。

西池邀宴晚，

小识缟衣笺。

三闾大夫

非惟香草说，
始作美人歌。
不肯随舟往，
应犹在汨罗。

暮雨行色

电母重开镜，
秋波一瞬前。
分明瀛客老，
飞泪过幽燕。

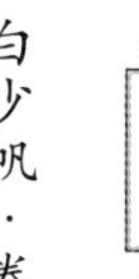

古延秋门溯想

回眸千载署槐黄，
六月长安举子忙。
且未功名题雁塔，
终南山叶晓霞妆。

西子湖畔暮立

三千弱水半微茫，
幻出琼花岸一方。
江左先施流寓久，
来无棹影会钱塘。

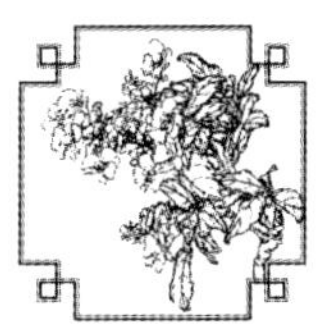

上元待月

漂流岛屿六鳌离，
海上家山止岸思。
空拟前身今夕见，
广寒小谪放回迟。

淮左遥夜

白石词家半阕将，
冥冥句谶应观堂。
遗今潮水东头月，
自度幽情未了章。

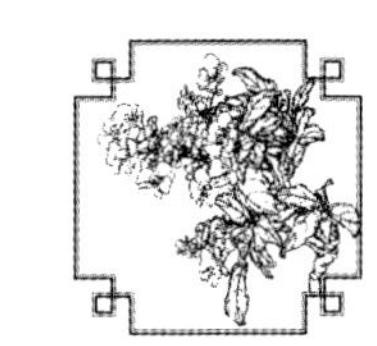

台阳竹枝词

见说夷洲汉俗多，
岁临重五午时何。
乡人驱疫雄黄酒，
蘸点眉心式古傩。

末番风信

传来故巷卖花声，
奁镜蛾眉问去程。
都遍西涯烟水路，
春归不挈客同行。

滇藏雪岳即事

耆年天半聘银台，
王母云屏晓夜开。
展拓玉山沧海卷，
转怜青鸟独衔来。

边秋叙事

少年裘马信由缰，
怯绿涟河梦发祥。
西去角弓追日影，
东还素辇问驼茫。
牧歌高遏行云际，
玉斧轻分化外方。
犹极衡湘千里雁，
穹庐夜拥一天霜。

荆溪邵氏海棠古院花下

东坡准拟江南老，

西府新株手自培。

痴绝夜深花睡语，

红妆待字又春回。

邗上春日踵西方寺

风鬟十里正梳妆，
三月烟花未定场。
别有清愁缘壁立，
罢归潍令补初篁。

过扬州

郡临江海溯隋唐，
风物人文上国光。
莫喟时移潮岸改，
相看新月泊如樯。

仲夏山馆晨兴

四面禽嚣隔雨烟，
迅湍喷薄势无前。
惊回少岁长驱役，
荡寇南沙海曙天。

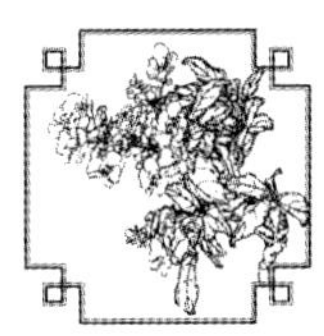

忆西泠初履

桥接孤山叠韵生，
鸥浮薄暮漫吟成。
及知身涉烟波境，
已向三潭问月行。

舟溯富春江

公望幽遐寄，
江天梦雨寻。
恍临桃叶渡，
忽过洛迦岑。
半卷重归晚，
新图两契深。
会当同领取，
胜昔富春今。

壬辰新雨

一时寒暖未分明，
二月都门且送迎。
听取终宵流曼曲，
个吟相逐岁先声。

小园即事

迎春前夜破祁寒，
红了山桃白玉兰。
无问东风今几度，
每随坪绿嬉童欢。

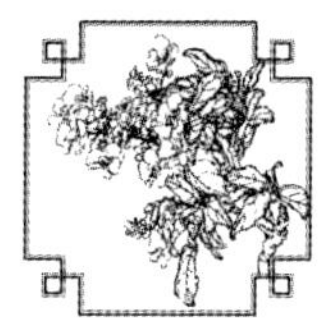

春絮

因风多起是非花，
谱入丹青待画家。
相顾素颜无淡注，
一行明日又天涯。

漠南信次月下独步

素魄天西役，

俯临古牧情。

千江因普照，

大块以重明。

东返谁家子，

周游几世程。

一痕沧海泪，

化入马琴声。

有寄

早发鲲门溯北溟，
潮天落拓一衫青。
不辞上国簪花影，
镜里秋侵客鬓星。

萧寺零讯

云卧山门外，
僧炊过午茶。
将疑行雨步，
秋叶正辞家。

蜀行眉州道中

思寻苏氏短松岗，
为有千年句悼亡。
转觉魂随今夕月，
还临赛纳水西窗。

题峨眉金顶

个意登临用愿多，
十方烛泪共滂沱。
争如不见空蒙里，
佛本无形有则魔。

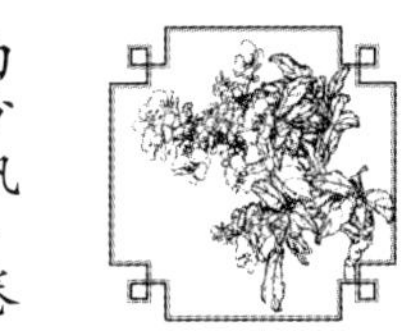

楚天秋望

霜序依然绛树临，
峡江神女迄今寻。
几多聚散云和雨，
聊付西风拾掇吟。

梦回台北景福门

得似辽东鹤，

飞来故堞天。

依稀家院近，

情怯起灯前。

癸巳新正都下拈韵

一

巳游癸水两停匀，
所谓金蛇岁在辛。
无乃时贤多不论，
负他竹报破霾氤。

二

立春壬癸岁陈新，
天地干支次比循。
功在纪年存信史，
伏惟沃酹吾先民。

二月既望

漫冬残局了何时，
此日红桥斗酒卮。
堪忍海棠深睡误，
泣鹃强欲诉春迟。

第二句“斗”字，动词

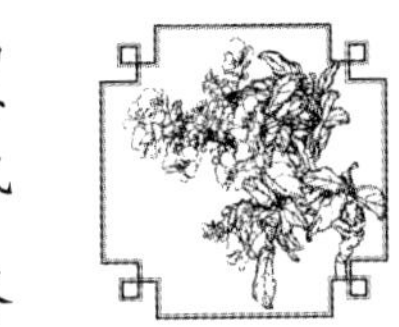

又见杨花

流光缟影酷萍踪，
白下题留日下逢。
殊美于飞同梦侣，
任他河岳水云重。

飞絮时节忆昔鲲洋少年同学

负笈檀郎远去身，

骑花谢女绝音尘。

何从问对长安约，

灞柳风回五秩春。

潮汐

早发云开处，

更巡岸没痕。

几曾沧海晏，

日月吐还吞。

题别朵云

为有苍穹似海情，
荼蘼宴罢渡飞英。
犹疑卮酒曾相遇，
已倩长风远嫁行。

秋风昔今 用定庵韵

赛纳寒漪渐，
客杯次第深。
生涯魂梦寄，
故国海天寻。
潇洒长安叶，
抑扬朔漠琴。
那堪书剑老，
来对壮游心。

汉上伊人

雨过花歌罢，思痕录竟编。
因风都下别，咏絮楚材还。
廿载东行水。当时北寄笺。
珞珈春讯在，商略巫峰烟。

"还"字读如旋

重阳即事

吟到茱萸旷代幽，
堪无菊酒故卮留。
来今碧落沉浮月，
相倚西涯子夜楼。

苦吟者白，时在武汉。

有所思

秋树风回点绛霞，

晴川云合浣春纱。

肯同故纸精魂在，

出落新篇别样花。

自跋

东南海氛裂土遗民家世，赛纳波绿流年逆旅客身，遂于中年伊始海归纵横数万里山河，上下几千年人文；访故问遗，抒怀言志，印证学识，恢弘器度。职是，乡国情思并同家山魂梦，诉诸韵语行间。

今承中华诗词研究院见采，自选近体杂诗七十二首，结为一集，聊以自寿。其中，率多由母陆行纪入句，而著意于古典诗境之新诠。窗课篇什，未掩疏浅以陈，仰企海内方家粲正。

尤有进者，拟藉此出版之举，共襄华夏格律文体际值承启于当代之一番盛事。

癸巳立秋 鲲瀛白少帆 谨识于京华